# clara

Kurze lateinische Texte
Herausgegeben von Hubert Müller

Heft 1

## Cicero zum Kennenlernen

Bearbeitet von Hubert Müller

Mit 17 Abbildungen

Vandenhoeck & Ruprecht

ISBN 978-3-525-71700-4

© 2013, 2000, Vandenhoeck & Ruprecht GmbH & Co. KG, Göttingen /
Vandenhoeck & Ruprecht LLC, Bristol, CT, U.S.A. / www.v-r.de
Das Werk und seine Teile sind urheberrechtlich geschützt. Jede Verwertung in anderen
als den gesetzlich zugelassenen Fällen bedarf der vorherigen schriftlichen Einwilligung des
Verlages. Printed in Germany.

Gestaltung: Markus Eidt, Göttingen
Satz und Lithos: Dörlemann Satz, Lemförde
Druck und Bindung: Hubert & Co., Göttingen

*Abbildungsnachweis:* Umschlagabbildung: J. Schweigert, Göttingen; S. 15: D. Griese, Laatzen. Alle anderen Abbildungen: H. Müller, Sasbach.

Gedruckt auf alterungsbeständigem Papier.

# Inhalt

Statt einer Einleitung … . . . . . . . . . . . . . . . . . . . . . . . . . . . . . . . . . . . . . . . 6

1 Was für mich Heimat bedeutet *(de legibus II,3 und 5)* . . . . . . . . . . . . . . . . . 8

2 Worauf es mir ankommt *(pro Archia poeta 26; 29; 30)* . . . . . . . . . . . . . . . . 10

3 Wie ich meine Quästur ausübte … *(pro Plancio 64)* . . . . . . . . . . . . . . . . . . 14

4 … und wie man wirklich berühmt wird *(pro Plancio 65)* . . . . . . . . . . . . . . 16

5 Wie ich mein Amt als Konsul verstehe *(de lege agraria II,6 und 8–9)* . . . . . . . . . . . 18

6 Wen zähle ich zu den »boni« im Staat? *(pro Sestio 96–97)* . . . . . . . . . . . . . 20

7 Was mir fehlt *(ad Atticum I,18,1)* . . . . . . . . . . . . . . . . . . . . . . . . . . . . . . . . 22

8 Wie den großen Kummer ertragen? *(ad Quintum fratrem I,3,1; 6; 10)* . . . . . . . . . 24

9 Wo sind die »boni«? *(pro Sestio 100)* . . . . . . . . . . . . . . . . . . . . . . . . . . . . . 26

10 Was mir der Staat bedeutete *(ad Quintum fratrem III,5,4)* . . . . . . . . . . . . . . 28

11 Was tun – wenn nicht politisch tätig sein? *(ad Atticum IV,10)* . . . . . . . . . . . 30

12 Weshalb ich lese *(pro Archia poeta 12–14; 16)* . . . . . . . . . . . . . . . . . . . . . . 32

13 Wo kann ich Trost finden? *(ad Atticum XII,14,3)* . . . . . . . . . . . . . . . . . . . . 34

14 Leben ohne Gemeinschaft? *(ad familiares IX,23)* . . . . . . . . . . . . . . . . . . . . 36

15 Zwischen Resignation … *(ad familiares IX,20,3)* . . . . . . . . . . . . . . . . . . . . 38

16 … und Aggressivität *(in Antonium II,62–63)* . . . . . . . . . . . . . . . . . . . . . . 40

17 Was bleibt am Ende? *(de officiis I,1; 3)* . . . . . . . . . . . . . . . . . . . . . . . . . . . 42

Lernwortschatz . . . . . . . . . . . . . . . . . . . . . . . . . . . . . . . . . . . . . . . . . . . . . . 44

Die Abbildung auf dem Umschlag stellt einen Ausschnitt des mittleren Portals der Kirche S. Giovanni in Laterano in Rom dar; dieses Bronzetor war ursprünglich die Tür der Curia Iulia auf dem Forum Romanum. Die Rankenfiguren, die als Türgriffe dienen, stammen aus dem 17. Jahrhundert.

Liebe Schülerin, lieber Schüler!

Das clara-Heft, das du gerade aufgeschlagen hast, soll den Einstieg in die lateinische Lektüre, insbesondere in die Cicerolektüre, erleichtern. Du findest auf den folgenden Seiten Originaltexte, die stellenweise etwas gekürzt sind. Damit diese Texte auch von denjenigen bewältigt werden können, die gerade erst das Lehrbuch abgeschlossen haben, unterstützen wir eure Arbeit folgendermaßen:

- Längere Sätze sind nach Sinneinheiten gesetzt; dadurch wird der Überblick erleichtert.
- In der rechten Spalte sind die Wörter angegeben, die in *Lumina* oder in *Latinum, Ausgabe B,* nicht vorkommen. Wörter aus dem Grund- und Aufbauwortschatz sind dabei rot hervorgehoben; sie sind als Lernvokabeln gedacht und werden nur bei ihrem ersten Vorkommen aufgeführt. Am Ende des Heftes sind sie noch einmal alphabetisch zusammengestellt.
- Die Fragen und Aufgaben helfen die Texte zu erschließen und zu verstehen.

Die 17 Textausschnitte, die wir ausgewählt haben, stellen die Person Cicero in ihrer Zeit und ihren Lebensumständen vor. Das Bild, das Cicero von sich selbst vermittelt, wird ergänzt durch deutsche Informationstexte und Abbildungen.

Wenn dir nach der Lektüre der »große« Cicero als Mensch etwas vertrauter geworden ist und du die Erfahrung gemacht hast, dass seine anspruchsvollen Texte mit etwas Übung durchaus zu übersetzen und zu verstehen sind, so hat dieses Heft sein Ziel erreicht.

# Statt einer Einleitung ...

Wir schreiben das Jahr 26 v.Chr.: Oktavian hat 31 v.Chr. Antonius besiegt, seit einem Jahr trägt er den Namen »Augustus«. Die meisten Römer sind froh, dass nun die Bürgerkriege vorbei sind und genießen den Frieden, die *pax Augusta*. Cicero ist seit 17 Jahren tot, Opfer des Bürgerkriegs nach Caesars Tod.
Nehmen wir an, Cicero habe den Bürgerkrieg überlebt, und nehmen wir ferner an, er feierte in diesem Jahr 26 den 80. Geburtstag in Ruhe auf seinem Landsitz. Unser Reporter Quintus Pomponius Atticus konnte folgendes Interview mit ihm führen:


A: Herr Cicero, erst einmal herzlichen Glückwunsch zu Ihrem 80. Geburtstag. Wie geht es Ihnen?
C: Danke, abgesehen von den üblichen Wehwehchen des Alters kann ich nicht klagen.
A: Aber macht es Ihnen denn gar nichts aus, dass Sie nicht mehr aktiv in die Politik eingreifen können?
C: Ach wissen Sie, Sie sehen ja, eigentlich sind alle ganz froh, dass endlich Friede ist und jeder sich wieder frei in Rom bewegen kann. Seit ich vor 17 Jahren nur knapp einem Anschlag des Antonius entgangen bin, sehe ich vieles anders. Beim Herkules, stellen Sie sich vor, Antonius und nicht Oktavian hätte am Ende gesiegt – nicht auszudenken!
A: Wenn Sie auf Ihr Leben zurückblicken – worauf sind Sie besonders stolz?
C: Natürlich bin ich auf meine steile politische Karriere stolz, habe ich doch alle Ämter in kürzest möglicher Zeit erreicht. Mit gerade einmal 31 Jahren Quästor in Sizilien – das war im Rückblick eine wunderbare Zeit –, mit 37 Ädil, mit 40 Prätor und dann der Höhepunkt meiner Karriere: mit nur 43 Jahren Konsul, wer hat das außer mir schon geschafft?!
A: Ja, aber dann ging's doch schnell bergab. Haben Sie nicht immer auf die falschen Personen gesetzt?
C: So etwas kann man im Nachhinein leicht sagen, aber damals sah das anders aus. Allerdings war es schon bitter, als sich Caesar, Pompeius und Crassus zum Triumvirat zusammenschlossen – ich glaube, ich war da 46 – und als ich weitere 2 Jahre später in die Verbannung gehen musste ...
A: ... über die Sie sich bitter beklagten.
C: Zugegeben, heute schäme ich mich ein bisschen, dass ich damals nicht mehr Tapferkeit gezeigt habe ...
A: ... und so schlimm war es ja auch nicht, Sie konnten ja schon nach einem Jahr triumphal zurückkehren.
C: Aber es war nicht mehr wie vorher. Damals hätte ich mich schon ganz aus der Politik zurückziehen müssen.
A: Dafür haben Sie aber einige wichtige Werke veröffentlicht und sind damit berühmt geworden.

C: Gewiss bin ich auch darauf stolz, von heute aus gesehen am meisten auf meine philosophischen Veröffentlichungen.
A: ... vielleicht werden Sie ja damit in die Geschichte eingehen ... Gibt es auch etwas, worüber Sie heute traurig sind?
C: Ein bisschen darüber, dass es die alte Republik nicht mehr gibt, wenn ich mich auch wirklich nicht über Augustus beklagen kann; er behandelt mich sehr freundlich.
A: Wenn Sie heute einen Wunsch frei hätten, was würden Sie sich wünschen?
C: Mehr als alles andere, dass meine Tocher Tullia noch lebte und mit mir den Tag heute feierte.
A: Diesen Wunsch kann ich Ihnen leider nicht erfüllen, aber ich habe Ihnen als Geschenk eine besonders schöne Abschrift der Staatsschrift des Aristoteles mitgebracht – nochmals herzlichen Glückwunsch und alles Gute!

Schreibe anhand dieses Interviews einen kurzen Lebenslauf Ciceros.

Cicerobüste aus Arpino.

# 1 Was für mich »Heimat« bedeutet

*de legibus II,3 und 5; 52/51 v. Chr.*

Cicero im Gespräch mit seinem Freund und Verleger Atticus bei Arpinum, einer Stadt etwa 100 km südöstlich von Rom.

Haec est mea et fratris mei germana patria.

Hinc enim orti stirpe antiquissima sumus,

hic sacra, hic genus, hic maiorum multa vestigia.
Quid plura?
5 Hanc vides villam, ut nunc quidem est,
lautius aedificatam patris nostri studio,
qui, cum esset infirma valetudine,
hic fere aetatem egit in litteris.
Sed hoc ipso in loco,
10 cum avus viveret et antiquo more
parva esset villa,
me scito esse natum.
Quare inest
nescio quid et latet in animo ac sensu meo,
15 quo me plus hic locus fortasse delectet.
Ego mehercule
omnibus municipibus duas esse censeo patrias:
unam naturae, alteram civitatis.
Eam patriam dicimus, ubi nati,

20 et illam, a qua excepti sumus.

Sed necesse est caritate eam praestare,

e qua rei publicae nomen universae civitati est,
pro qua mori et cui nos totos dedere
et in qua nostra omnia ponere
25 et cui quasi consecrare debemus.

Dulcis autem non est multo secus est ea,
quae genuit,

germānus: eigentlich
orīrī, ortus sum: entstehen; + *Abl.*: abstammen von
stirps, pis *f.*: Stamm, Familie
sacrum: das Heiligtum, das Heilige
māiōrēs, um *m.*: Vorfahren
vestīgium: Spur

lautus: ansehnlich, stattlich
īnfirmus: schwach
valētūdō, inis *f.*: Gesundheit
aetās, ātis *f.*: Lebenszeit, Leben

avus: Großvater

scītō *Imp. von scīre*: wisse!
quārē: weshalb, deshalb
nesciō quid: irgendetwas
latēre: verborgen sein
meherculē: beim Herkules!
mūniceps, ipis *m.*: Bürger einer Landstadt *(mūnicipia waren eingebürgerte, ehemals selbstständige Städte, deren Bewohnern ein eingeschränktes römisches Bürgerrecht verliehen wurde)*
excipere, iō, cēpī, ceptum: aufnehmen
necesse est: es ist notwendig
cāritās, ātis *f.*: Liebe
praestāre, stitī: 1. voranstehen 2. leisten
ūniversus: gesamt
morī, morior, mortuus sum: sterben
cōnsecrāre: weihen

dulcis, e: süß, lieb
secus *Adv.*: weniger
gignere, genuī, genitum: zeugen, hervorbringen

quam illa, quae excepit.
Itaque ego hanc meam esse patriam
30 prorsus numquam negabo,
dum illa sit maior, haec in ea contineatur.

prōrsus *Adv.:* ganz und gar
dum + *Konj.: hier:* mag auch
continērī in + *Abl.:* enthalten
sein in

1 (a) Beschreibe Ciceros Verhältnis zu seiner Heimatstadt und Herkunft. – (b) Was hebt er besonders hervor? – (c) Mit welchen sprachlichen Mitteln werden die Aussagen unterstrichen?
2 (a) Welche *patriae* unterscheidet Cicero? – (b) Stelle lateinisch die Aussagen über die beiden *patriae* gegenüber. – (c) Wodurch unterscheiden sie sich hauptsächlich? Was ist ihnen gemeinsam?
3 (a) Was bedeutet für dich Heimat? – (b) Vgl. mit Ciceros Aussagen.

Blick auf Arpino, die Geburtsstadt Ciceros.

## 2 Worauf es mir ankommt

*pro Archia poeta 26; 29; 30; 62 v.Chr.*

Neque enim est hoc dissimulandum,
quod obscurari non potest,
sed prae nobis ferendum:

Trahimur omnes studio laudis,
5 et optimus quisque maxime gloria ducitur.

Ipsi illi philosophi etiam iis libellis,
quos de contemnenda gloria scribunt,
nomen suum inscribunt.
In eo ipso,

10 in quo praedicationem nobilitatemque despiciunt,

praedicari de se ac nominari volunt.

Insidet quaedam in optimo quoque virtus,

quae noctes ac dies animum gloriae stimulis concitat
atque admonet
15 non cum vitae tempore
esse dimittendam commemorationem nominis nostri,
sed cum omni posteritate adaequandam.

An vero tam parvi animi videamur esse omnes,
qui in re publica
20 atque in his vitae periculis laboribusque versamur,
ut, cum usque ad extremum spatium

nullum tranquillum atque otiosum spiritum duxerimus,

nobiscum simul moritura omnia arbitremur?
Ego vero omnia, quae gerebam,

---

dissimulāre: verheimlichen
obscūrāre: verbergen
prae + *Abl.*: vor
prae sē ferre: offen vor sich hertragen
laus, laudis *f.*: Lob, Ruhm
quisque: jeder
optimus quisque: (»jeder Beste«), gerade die Besten
libellus: Schriftstück, (kleines) Buch
īnscrībere, scrīpsī, scrīptum: darauf schreiben
praedicātiō, ōnis *f.*: öffentliches Lob
nōbilitās, ātis *f.*: 1. Adel 2. Berühmtheit
dēspicere, iō, spēxī, spectum: verachten
praedicāre: rühmen, öffentlich sprechen
ac: und
īnsidēre: innewohnen, vorhanden sein
stimulus: Antrieb, Ansporn
concitāre: bewegen, antreiben
admonēre, monuī, monitum: mahnen, erinnern
commemorātiō, ōnis *f.*: Erinnerung
posteritās, ātis *f.*: künftige Zeit *nach dem Tod*
cum ... adaequandam: »sie muss ausgedehnt werden auf ...«
vērō *Adv.*: aber, wirklich
tam: so
versārī in + *Abl.*: sich befinden in
extrēmus: äußerster, letzter
spatium: Zeitraum
ōtiōsus: in Muße, in Ruhe
spīritus, ūs *m.*: Atem(zug)

simul: gemeinsam, zugleich
arbitrārī: glauben, meinen

25 iam tum in gerendo spargere me ac disseminare arbitrabar

in orbis terrae memoriam sempiternam.

Haec vero sive a meo sensu post mortem afutura est

sive, ut sapientissimi homines putaverunt,

ad aliquam animi mei partem pertinebit,

30 – nunc quidem certe cogitatione quadam speque delector.

spargere, sparsī, sparsum: ausstreuen, verbreiten
dissēmināre: unter das Volk bringen
orbis (is *m.*) terrae: Erdkreis
sempiternus: ewig
sīve ... sīve: sei es, dass ... oder sei es, dass
sapiēns, entis: klug, weise
pertinēre ad: 1. beitragen zu 2. sich erstrecken auf
cōgitātiō, ōnis *f.*: das Denken, Gedanke

**1** (a) Was ist Cicero in seinem Leben besonders wichtig? Zitiere die zentralen lateinischen Begriffe. – (b) Welche Ziele verfolgt Cicero mit diesem Lebensentwurf? Zitiere die Ziele lateinisch. – (c) Mit welchen lateinischen Begriffen bezeichnet Cicero die Personengruppe, für die seiner Meinung nach die gleiche Zielsetzung gilt? – (d) Beurteile: Hat Cicero dieses hier genannte Lebensziel erreicht?

**2** (a) Gibt es ein Weiterleben nach dem Tod? Welche Antworten auf diese Frage diskutiert Cicero hier? – (b) Wie beurteilt er die Antworten?

**3** (a) Was ist für dich das Wichtigste im Leben? Macht eine Umfrage in der Klasse nach dem Muster S. 12 und vergleicht mit den dort aufgeführten Ergebnissen. – (b) Versucht die Unterschiede zwischen modernen Zielvorstellungen und Ciceros Einschätzung zu erklären. Zieht auch die Abbildungen S. 13 hinzu.

Umfragen und Untersuchungen zu **Lebenszielen und Werten** der jungen Generation wie z.B. die Shellstudie stimmen in ihren Ergebnissen weitgehend überein: Auf die Fragen »Was ist mir wichtig?« und »Auf was könnte ich am ehesten verzichten?« antworteten Schülerinnen und Schüler eines elften Jahrgangs folgendermaßen:

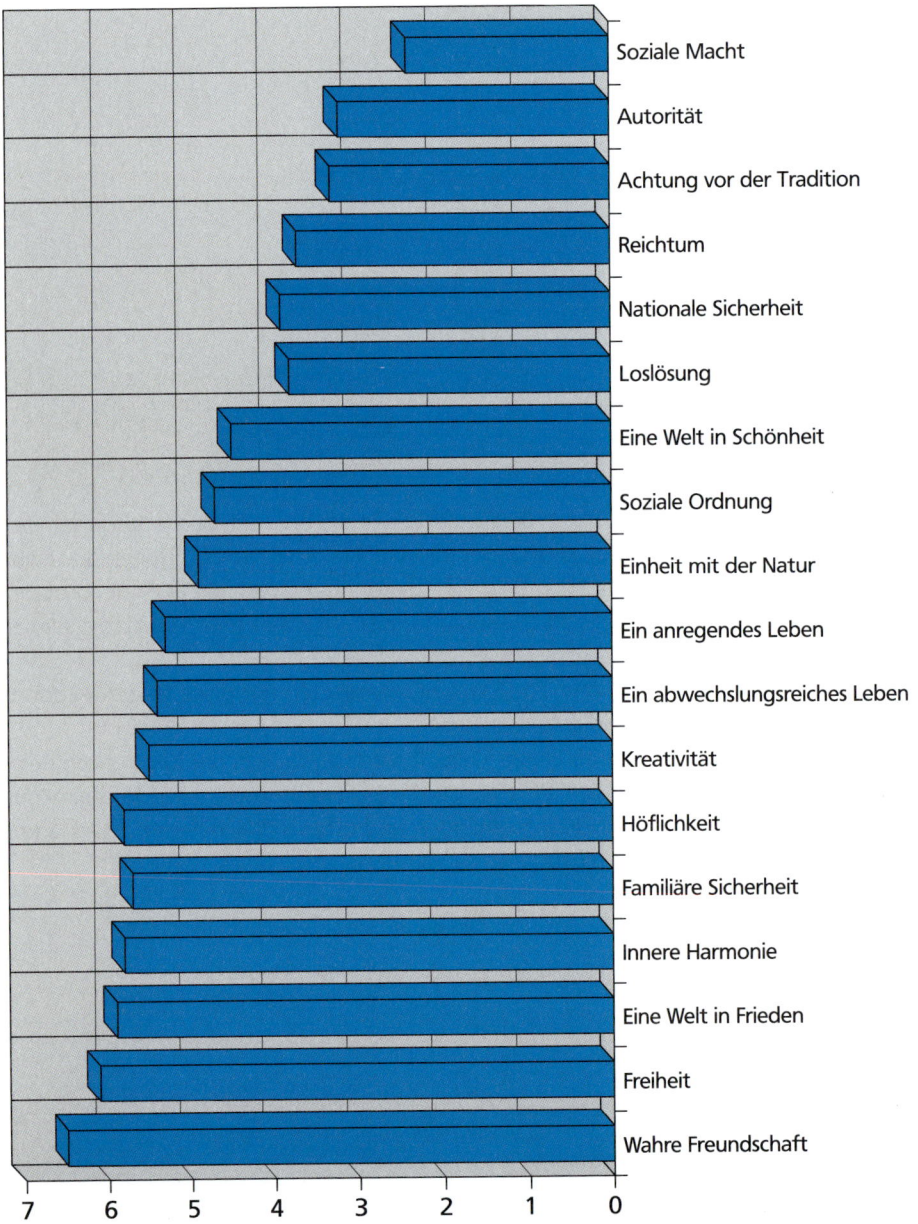

In Arpino ist man auch heute noch stolz auf Cicero.

"... HAEC EST MEA
ET HVIVS FRATRIS MEI
GERMANA PATRIA
HINC ENIM ORTI
STIRPE ANTIQVISSIMA SVMVS
HIC SACRA HIC GENVS
HIC MAIORVM
MVLTA VESTIGIA"

DE LEGIBVS

M. T. CICERONI
ARPINATIVM CIVITAS
LYCEVMQVE TVLLIANVM
ANNO BIS MILLESIMO ET CENTESIMO
AB EIVS ORTV
XV CICERONIANI CERTAMINIS
P. P.
ARPINI IV ID. MAI. MCMXCV

Triumphzug.
Archäologisches Museum
Palestrina.

# 3 Wie ich meine Quästur ausübte …

*pro Plancio 64; 54 v. Chr.*

Non vereor,
ne mihi aliquid, iudices, videar adrogare,
si de quaestura mea dixero.
Non vereor, ne quis audeat dicere
5 ullius in Sicilia quaesturam
aut clariorem aut gratiorem fuisse.
Vere mehercule hoc dicam:
Sic tum existimabam nihil homines aliud Romae
nisi de quaestura mea loqui.
10 Frumenti in summa caritate
maximum numerum miseram;
negotiatoribus comis, mercatoribus iustus,
mancipibus liberalis,
sociis abstinens,
15 omnibus eram visus
in omni officio diligentissimus;
excogitati quidam erant a Siculis
honores in me inauditi.

sibi aliquid adrogāre: sich etw. anmaßen

quaestūra: Quaestur *(s. Informationstext)*

grātus: willkommen, beliebt

sīc *Adv.*: so
exīstimāre: glauben, meinen

cāritās, ātis *f.*: Teuerung

negōtiātor, ōris *m.*: Großhändler
cōmis, e: freundlich
manceps, mancipis *m.*: Pächter
līberālis, e: freundlich, großzügig
abstinēns, entis: uneigennützig
dīligēns, entis: sorgfältig, gewissenhaft
excōgitāre: erfinden, ausdenken
inaudītus: noch nicht da gewesen, ungewöhnlich

Tempel in Segesta, Sizilien.

**Cursus honorum (Ämterlaufbahn)**

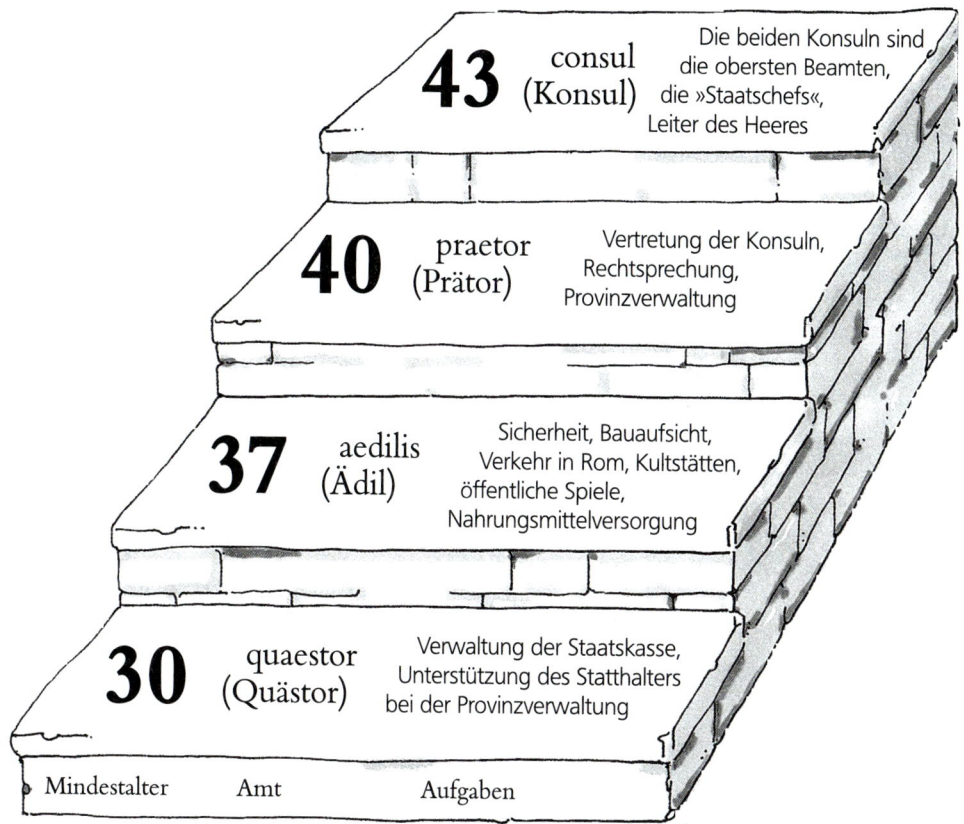

Amtsdauer: jeweils ein Jahr, bei der Provinzverwaltung auch länger

**1** (a) Wie schätzt Cicero selbst seine Quästur ein? – (b) Welche Leistungen hebt er besonders hervor? – (c) Mit welchen Stilmitteln unterstreicht er diese Leistungen? – (d) Worauf kam es nach seiner Ansicht also bei der Provinzverwaltung besonders an?

**2** Vergleiche die Daten auf der Karriereleiter mit Ciceros Lebenslauf (s. Einleitung, S. 6). Was meint Cicero, wenn er an anderer Stelle von sich behauptet, er habe alle Ämter *suo anno* erreicht?

# 4 … und wie man wirklich berühmt wird

*pro Plancio 65; 54 v. Chr.*

Itaque hac spe decedebam,
ut mihi populum Romanum
ultro omnia delaturum putarem.
At ego cum casu diebus iis
5 itineris faciendi causa decedens e provincia
Puteolos forte venissem,
cum plurimi et lautissimi in iis locis solent esse,

concidi paene, iudices,

cum ex me quidam quaesisset,
10 quo die Roma exissem et numquidnam esset novi.
Cui cum respondissem me e provincia decedere:
»Etiam mehercule«, inquit, »ut opinor, ex Africa.«
Huic ego iam stomachans fastidiose:
»Immo ex Sicilia«, inquam.
15 Tum quidam, quasi qui omnia sciret:
»Quid? tu nescis«, inquit,
»hunc quaestorem Syracusis fuisse?«
Quid multa?

Destiti stomachari et me unum ex iis feci,
20 qui ad aquas venissent.

Sed ea res, iudices,
haud scio an plus mihi profuerit,
quam si mihi tum essent omnes gratulati.
Nam posteaquam sensi
25 populi Romani auris hebetiores,
oculos autem esse acris atque acutos, destiti,
quid de me audituri essent homines, cogitare;

feci, ut postea cotidie praesentem me viderent,
habitavi in oculis, pressi forum;

30 neminem a congressu meo neque ianitor meus
neque somnus absterruit.

---

dēcēdere: *erg.:* aus der Provinz
ultrō *Adv.: hier:* von selbst, unaufgefordert
cāsū (*Abl.* von cāsus, ūs *m.:* Fall, Zufall): zufällig
Puteolī, ōrum *m.: Stadt in Kampanien in der Nähe von Neapel*
lautus: vornehm, fein
loca, ōrum *n.:* Gegend
solēre, eō, solitus sum: pflegen, gewohnt sein
concidere, cidī: zu Boden fallen, zusammenbrechen
quaesīsset = quaesīvisset
numquidnam: ob denn irgendetwas
opīnārī: meinen, glauben
stomachārī: sich ärgern
fastīdiōsus: widerwillig, entrüstet
immō *Adv.:* im Gegenteil, nein vielmehr
inquam: sagte ich
Syrācūsae, ārum *f.:* Syrakus *(an der Ostküste Siziliens; Cicero hat jedoch die andere Quästur Siziliens verwaltet, nämlich in Lilybaeum an der Westküste)*
dēsistere, stitī, stitum: aufhören

haud sciō an: ich weiß nicht, ob nicht, wahrscheinlich
prōfuerit: *zum Konj. Perfekt s. u.*
grātulārī: gratulieren
posteāquam = postquam
aurīs = aurēs; auris, is *f.:* Ohr
hebes, etis: schwach, taub
ācrīs = ācrēs
acūtus: scharf
audītūrī essent: sie würden hören
cotīdiē *Adv.:* täglich
praesēns, entis: gegenwärtig
premere, pressī, pressum: drücken, pressen; *hier:* immer wieder aufsuchen
congressus, ūs *m.:* Zusammenkunft, Besuch
iānitor, ōris *m.:* Türhüter, Portier
absterrēre, terruī: abschrecken, abhalten

**Konjunktiv Perfekt im Gliedsatz**
Dic, quid feceris: Sag, was du getan hast.

Der Konjunktiv Perfekt bezeichnet im Gliedsatz die Vorzeitigkeit zu einem Präsens oder Futur 1. Im Aktiv werden die Endungen *-erim, -eris, -erit, -erimus, -eritis, -erint* an den Perfektstamm gehängt: *laudāverim … laudāverint*. Die Passivform ist zusammengesetzt aus dem PPP *(laudātus)* und dem Konjunktiv Präsens von *esse: laudātus (a, um) sim … laudātī (ae, a) sint*.

An diesem 2500 Jahre alten Ölbaum, der beim Tempel der Hera in Agrigento steht, könnte Cicero schon vorbeigegangen sein, als er Quästor auf Sizilien war.

**Der persönliche Kontakt** zwischen Politikern und Bevölkerung spielte in der römischen Gesellschaft eine große Rolle: So hatten die Klienten *(clientes)* am frühen Morgen ihrem Patron *(patronus)* ihre Aufwartung zu machen. Der Patron half dem Klienten in Rechtsfragen, durch Beratung und finanzielle Mittel. Dafür war der Klient zur unbedingten Unterstützung seines Patrons verpflichtet; hierzu gehörte vor allem auch die Hilfe im Wahlkampf. Das Wort *ambitus* bezeichnete ursprünglich das Herumgehen der Kandidaten im Wahlkampf, bekam aber bald eine negative Bedeutung: Stimmenkauf und Korruption versuchte man durch Gesetze *de ambitu* einzudämmen.
Von besonderer Bedeutung war es für einen Politiker möglichst viele seiner Mitbürger namentlich zu kennen. Deshalb hatte man einen *nomenclator* bei sich, der die Aufgabe hatte dem Herrn die Namen der Bürger, die unterwegs in der Stadt entgegenkamen, zuzuflüstern.

**1** (a) Mit welchen Erwartungen reist Cicero nach Puteoli? – (b) Welchen logischen Zusammenhang bezeichnet der Konnektor (= »Satzverknüpfer«) *at* (Zeile 4)? – (c) Welche Erfahrungen macht Cicero mit dem Interesse seiner Mitbürger an der Politik außerhalb Roms? (d) Zeichne ein Satzschema zu dem langen Satz in Zeile 4–10.
**2** (a) Welche lateinischen Wörter bezeichnen die Reaktion Ciceros auf die Äußerungen seiner Gesprächspartner? – (b) Nenne die einzelnen Stufen seiner Reaktionen.
**3** (a) Wie wird man als Politiker nach Ciceros Aussagen wirklich berühmt? – (b) Was konnte dazu die Struktur der römischen Gesellschaft beitragen? Lies hierzu den Informationstext und vergleiche mit dem Auftreten der Politiker in der modernen Welt.

# 5 Wie ich mein Amt als Konsul verstehe

*de lege agraria II,6 und 8–9; 63 v.Chr.*

Cicero spricht vor der Volksversammlung:

Ego autem non solum hoc in loco dicam,
ubi est id dictu facillimum,
sed in ipso senatu,
in quo esse locus huic voci non videbatur,
5 popularem me futurum esse consulem
prima illa mea oratione Kalendis Ianuariis dixi.

Ego qualem Kalendis Ianuariis acceperim
rem publicam, Quirites, intellego:

plenam sollicitudinis, plenam timoris.
10 In qua nihil erat mali, nihil adversi,

quod non boni metuerent, improbi exspectarent;
omnia turbulenta consilia
contra hunc rei publicae statum
et contra vestrum otium

15 partim iniri, partim nobis consulibus designatis
inita esse dicebantur;
sublata erat de foro fides
non ictu aliquo novae calamitatis,
sed suspicione ac perturbatione iudiciorum,

20 infirmatione rerum iudicatarum;

novae dominationes, extraordinaria non imperia,
sed regna quaeri putabantur.

Quae cum ego non solum suspicarer,
sed plane cernerem

---

facile dictū: leicht zu sagen *(zum Supinum s.u.)*
vōx: *hier:* Wort
populāris, e: des Volkes, für das Volk
Kalendīs Iānuāriīs: am ersten Januar
quālis, e: wie (beschaffen), in welcher Verfassung
Quirītēs, um *m.*: Bürger von Rom
intellegere, intellēxī, intellēctum: bemerken, (ein)sehen
sollicitūdō, inis *f.*: Unruhe
adversus: feindlich, unglücklich
bonī, ōrum *m.*: die Guten
*(s. hierzu den Informationstext)*
improbus: schlecht, böse
omnia ... dīcēbantur: *zum nci s.u.*
turbulentus: revolutionär
status, ūs *m.*: Zustand, Verfassung
ōtium: freie Zeit, Ruhe, (privater) Friede
partim ... partim: teils ... teils
cōnsul dēsīgnātus: als Konsul für das nächste Jahr gewählt
ictus, ūs *m.*: Stoß, Schlag
calamitās, ātis *f.*: Unglück
suspīciō, ōnis *f.*: Verdacht, Misstrauen
perturbātiō, ōnis *f.*: Verwirrung, Störung
īnfirmātiō rērum iūdicātārum: mangelnde Durchsetzung von Gerichtsurteilen
novae dominātiōnēs ... putābantur: *zum nci s.u.*
dominātiō, ōnis *f.*: Gewaltherrschaft
extrāōrdinārius: außerordentlich
suspicārī: vermuten
plānē *Adv.*: deutlich
cernere, crēvī, crētum: wahrnehmen, sehen

25 – neque enim obscure gerebantur –,
dixi in senatu
in hoc magistratu me popularem consulem futurum.

obscūrus: dunkel, verborgen
magistrātus, ūs *m.*: Beamter, Behörde, Amt

## Supinum auf –ū
facile dictū – leicht zu sagen
Das Supinum auf –ū hat denselben Stamm wie das PPP; es steht nach Adjektiven wie facilis: leicht, difficilis: schwer, incrēdibilis: unglaublich. Häufige Supinformen sind: audītū: zu hören, dictū: zu sagen, factū: zu tun.

## nci (nominativus cum infinitivo)
aci: Homerum caecum (caecus, a, um: blind) fuisse dicunt – Sie sagen/Man sagt, dass Homer blind gewesen sei.
Setzt man diesen Satz ins Passiv, so wird Homerus Subjekt:
nci: Homerus caecus fuisse dicitur: Von/Über Homer wird gesagt, dass er blind gewesen sei; man sagt, dass Homer blind gewesen sei.
Der nci steht z.B. bei: dicitur: man sagt; fertur: man berichtet; putātur: man glaubt; trāditur: man berichtet/es wird überliefert
Was heißt dann: omnia … consilia … iniri … dicebantur …?

Als **Optimaten** (optumates, ium), also als »die Besten«, bezeichneten sich Adlige, die die Interessen des Senats vertraten und sich für die Vorherrschaft des Adels einsetzten. Ihnen standen die **Popularen** (populares, ium) gegenüber, die beanspruchten die Interessen des Volkes und der Volksversammlung zu vertreten. Man kann bei diesen beiden Gruppen allerdings nicht von Parteien im modernen Sinn sprechen, zumal die Vertreter der Popularen ebenfalls Adlige waren, die sich als Stimmführer des Volkes verstanden. So war z.B. Caesar, der große politische Gegenspieler Ciceros, entschiedener Gegner der Optimatenherrschaft, obwohl er selbst dem Uradel Roms entstammte. Cicero gehörte dem Ritterstand an, war ein *homo novus*, ein Emporkömmling, auf den viele Adlige hochnäsig herabsahen. Er vertrat dennoch die Politik der Optimaten, der *boni*, wie er sie nannte und wie sie sich selbst sahen.

**1** Der erste Satz (Zeile 1–6) ist parallel aufgebaut. Ergänze die entsprechenden Glieder des zweiten Teiles: non solum – ♣♣; hoc in loco – ♣♣; dicam – ♣♣; ubi est id dictu facillimum – ♣♣

**2** Erkläre die Aussage Zeile 1–6, indem du den Informationstext zu Hilfe nimmst.

**3** (a) In welcher Situation befand sich nach Ciceros Schilderung der Staat bei seinem Amtsantritt? Zitiere die Begriffe, mit denen er die Lage kennzeichnet. – (b) Mit welchen rhetorischen Mitteln hebt Cicero den Ernst der Lage hervor? – (c) Warum betont Cicero wohl diese Schwierigkeiten?

**4** (a) Wie verwendet Cicero hier den Begriff *popularis*? – (b) Welche Wirkung will er damit bei den Zuhörern erzielen?

## 6 Wen zähle ich zu den »boni« im Staat?

*pro Sestio 96–97; 56 v. Chr.*

Duo genera semper in hac civitate fuerunt eorum,
qui versari in re publica
atque in ea se excellentius gerere studuerunt;

quibus ex generibus alteri se populares,
5  alteri optimates et haberi et esse voluerunt.
Qui ea, quae faciebant quaeque dicebant,
multitudini iucunda volebant esse, populares,
qui autem ita se gerebant,
ut sua consilia optimo cuique probarent,
10 optimates habebantur.
Quis ergo iste optimus quisque?
Numero, si quaeris, innumerabiles
– neque enim aliter stare possemus –;
sunt principes consilii publici,
15 sunt, qui eorum sectam sequuntur,
sunt maximorum ordinum homines,
quibus patet curia,
sunt municipales rusticique Romani,
sunt negotii gerentes,
20 sunt etiam libertini optimates.
Numerus, ut dixi, huius generis
late et varie diffusus est.
Sed genus universum, ut tollatur error,
brevi circumscribi et definiri potest.
25 Omnes optimates sunt,
qui neque nocentes sunt nec natura improbi
nec furiosi nec malis domesticis impediti.

Est igitur, ut ii sint,
qui et integri sunt et sani
30 et bene de rebus domesticis constituti.
Horum qui voluntati, commodis, opibus
in gubernanda re publica serviunt,
defensores optimatium ipsique optimates
gravissimi et clarissimi cives numerantur
35 et principes civitatis.

---

in rē pūblicā versārī: politisch tätig sein
sē gerere + *Adv.*: sich verhalten, sich zeigen
excellēns, entis: hervorragend, vortrefflich
populārēs, optimātēs: *s. Informationstext zu Text 5, S. 19*
habērī: gelten als

iūcundus: willkommen, angenehm
aliquid alicui probāre: jdn. mit etw. zufrieden stellen, durch etw. Beifall finden bei

aliter *Adv.*: auf andere Weise

secta: Partei
ōrdō, inis *m.*: Klasse, Stand
patēre, patuī: offen stehen
mūnicipālis, is *m.*: Kleinstädter
rūsticus: Bauer
negōtiī gerentēs: Geschäftsleute
lībertīnus: Freigelassener
lātus: weit, breit
varius: bunt, mannigfaltig
diffundere, fūdī, fūsum: verstreuen, verbreiten
circumscrībere: umschreiben
dēfīnīre: bestimmen
nocēns, entis: verbrecherisch
furiōsus: verrückt
domesticus: privat, persönlich

integer, gra, grum: unbescholten, anständig
sānus: gesund, vernünftig

commodum: Vorteil, Nutzen
gubernāre: lenken, leiten
dēfēnsor, ōris *m.*: Verteidiger

**Ciceros politisches Denken** ist geprägt von dem *concordia*-Gedanken, der Überzeugung, dass auch in den politischen Wirren des 1. Jahrhunderts v.Chr. die *res publica*, die er als *res populi*, also als Sache des gesamten römischen Volkes betrachtete, durch die Eintracht aller bewahrt werden könne. Grundlage dafür bildet der *consensus omnium bonorum*, die Übereinstimmung aller gut Gesinnten. Man hat Cicero vorgeworfen, er habe die Zeichen der Zeit nicht erkannt und nicht wahrgenommen, dass der *consensus* unter der führenden Schicht nicht mehr möglich war. Fast beschwörend spricht Cicero immer wieder von diesem *consensus* in verschiedenen Verbindungen: *consensus omnium, consensus populi Romani, consensus omnium ordinum, consensus omnium bonorum* und in der Tat lässt sich das Scheitern der Republik unter anderem darauf zurückführen, dass die Bereitschaft zur Einigung in der römischen Gesellschaft und besonders innerhalb der Oberschicht selbst nicht mehr vorhanden war.

**1** (a) In welchen Abschnitten spricht Cicero von den Optimaten, in welchen von den Popularen? – (b) Ordne die wichtigsten lateinischen Begriffe den beiden Gruppen zu. – (c) Wie bewertet Cicero die beiden Gruppen? – Welche Funktion haben die Stilmittel in den Zeilen 14–20?

**2** (a) In welchen Punkten unterscheidet sich die Definition des Begriffes *optimates* im vorliegenden lateinischen Text von den Erläuterungen S. 19? – (b) Welche politische Absicht verfolgt Cicero mit seiner Definition? Ziehe auch obigen Informationstext hinzu. – (c) Wie haben wohl die *optimates* selbst über Ciceros Definition gedacht?

Dieser Tempel in Agrigento war der Concordia geweiht. Ebenso wie die Griechen verehrten die Römer die Concordia als Göttin und errichteten ihr Tempel. Welche politische Absicht war wohl damit verbunden?

# 7 Was mir fehlt

*ad Atticum I,18,1; Rom, 20. Januar 60 v. Chr.*

Nihil mihi nunc scito
tam deesse quam hominem eum,
quocum omnia,
quae me cura aliqua afficiunt,
5 una communicem,
qui me amet,
qui sapiat,
quicum ego cum loquar,
nihil fingam, nihil dissimulem, nihil obtegam.
10 Tu autem,
qui saepissime curam et angorem animi mei
sermone et consilio levasti tuo,
qui mihi et in publica re socius
et in privatis omnibus conscius
15 et omnium meorum sermonum
et consiliorum particeps esse soles,
ubinam es?
Ita sum ab omnibus destitutus,
ut tantum requietis habeam,
20 quantum cum uxore et filiola

et mellito Cicerone consumitur.

Nam illae ambitiosae nostrae
fucosaeque amicitiae

sunt in quodam splendore forensi,
25 fructum domesticum non habent.
Itaque cum bene completa domus est
tempore matutino,
cum ad forum stipati
gregibus amicorum descendimus,

30 reperire ex magna turba neminem possumus,
quocum aut iocari libere
aut suspirare familiariter possumus.
Qua re te exspectamus, te desideramus,
te iam etiam arcessimus.

---

ūnā *Adv.*: gemeinsam, zusammen
commūnicāre: gemeinsam beraten, gemeinsam besprechen
sapere, iō: klug sein, weise sein
quīcum = quōcum
fingere: erdichten, vorgeben
obtegere: verbergen
angor, ōris *m.*: Angst
sermō, ōnis *m.*: Gespräch
levāre: erleichtern, lindern
levāstī = levāvistī
cōnscius + in + *Abl*: eingeweiht in, vertraut mit
particeps, cipis + *Gen.*: beteiligt an
dēstituere, destituī, destitūtum: verlassen
requiēs, ētis *f.*: Ruhe, Zeit zur Erholung
uxor, ōris *f.*: Ehefrau, Gattin
filiola: liebes Töchterchen
mellītus: süß
Cicerō: *Ciceros Sohn*
cōnsūmere, sūmpsī, sūmptum: verbrauchen, verbringen
ambitiōsus: *hier:* aus Ehrgeiz geschlossen
fūcōsus: Schein-
sunt in quōdam splendōre forēnsī: bringen einiges Ansehen in der Öffentlichkeit
frūctus, ūs *m.*: Nutzen, Gewinn
mātūtīnus: morgendlich
stīpātus: umringt
grex, gregis *m.*: Herde, Menge
reperīre, iō, repperī, repertum: finden
turba: Schar
iocārī: scherzen
suspīrāre: klagen
familiāris, e: vertraut
arcessere, arcessīvī, arcessītum: herbeirufen

35 Multa sunt enim, quae me sollicitant anguntque;
quae mihi videor aures nactus tuas
unius ambulationis sermone exhaurire posse.

angere: ängstigen
nancīscī, or, nactus sum: erlangen, finden
ambulātiō, ōnis *f.*: Spaziergang
exhaurīre: ausschöpfen, fortschaffen

**1** Lies den Text: (a) Mit welchen sprachlichen und stilistischen Mitteln hebt Cicero seine Situation hervor? – (b) Zitiere lateinische Begriffe, die seine seelische Verfassung bezeichnen.
**2** Welche Bedeutung hat für Cicero die Freundschaft mit Atticus? Zitiere auf Lateinisch die Begriffe, die die Grundlagen dieser Freundschaft bezeichnen.
**3** (a) Welche Aussagen macht Cicero in diesem Brief über die persönliche und politische Situation, in der er sich gerade befindet? – (b) Informiere dich, z.B. in einem Geschichtsbuch, in einem Lexikon oder im Internet über die politische Lage des Jahres 60 v.Chr. Schreibe auf Deutsch einen kurzen Zeitungsartikel über Ciceros Situation in diesem Jahr und verwende dabei auch die Informationen dieses Briefes. Gib dem Artikel eine packende Überschrift.

Auf dem *Forum Romanum*, dem Mittelpunkt der römischen Welt.

## 8 Wie den großen Kummer ertragen?

*ad Quintum fratrem I,3,1; 6;10; Thessalonike, 13. Juni 58 v. Chr.*

Meus ille laudatus consulatus

mihi te, liberos, patriam, fortunas;
tibi velim ne quid eripuerit praeter unum me.
Sed certe a te mihi omnia semper honesta
5 et iucunda ceciderunt,
a me tibi luctus meae calamitatis, metus tuae,
desiderium, maeror, solitudo.


»Ego te videre noluerim?«
Immo vero me a te videri nolui;
10 non enim vidisses fratrem tuum,
non eum, quem reliqueras,
non eum, quem noras,
non eum, quem flens flentem,
prosequentem proficiscens dimiseras,

15 ne vestigium quidem eius nec simulacrum,


sed quandam effigiem spirantis mortui.
Scio fuisse et honestius moriendi tempus et utilius;
sed non hoc solum, multa alia praetermisi.
Filiam meam et tuam Ciceronemque nostrum
20 quid ego, mi frater, tibi commendem?


Quin illud maereo,
quod tibi non minorem dolorem
illorum orbitas afferet quam mihi;

sed te incolumi orbi non erunt.
25 Reliqua, ita mihi salus aliqua detur potestasque
in patria moriendi,
ut me lacrimae non sinunt scribere.

---

cōnsulātus, ūs *m.*: Amt des Konsuls, Konsulat
līberī, ōrum *m.*: Kinder
fortūnae, ārum *f.*: Hab und Gut; *erg. nach* fortūnās: ēripuit
honestus: anständig, ehrenhaft
cadere: *hier:* zuteil werden
lūctus, ūs *m.*: Trauer
tuae: *erg.:* calamitātis
dēsīderium: Sehnsucht
maeror, ōris *m.*: Trauer, Kummer
sōlitūdō, inis *f.*: Einsamkeit, Verlassenheit
Ego ... nōluerim: Ich hätte dich nicht sehen wollen? *Quintus hat ihm vorgeworfen, er habe ihn bei seinem Gang in die Verbannung nicht sehen wollen.*
nōrās = (cōg)nōverās
flēre flēvī, flētum: weinen
prōsequī: *hier:* verabschieden
proficīscī, or, profectus sum: aufbrechen, abreisen; *als Quintus in die Provinz aufbrach*
nē ... quidem: nicht einmal
nec = neque
simulācrum: Bild
effigiēs, ēī *f.*: Abbild
spīrāre: atmen
praetermittere, mīsī, missum: vorbeigehen lassen
Cicerō noster: *gemeint ist Ciceros Sohn*
mī: *Vok. m. Sg. von* meus
commendāre: anvertrauen, ans Herz legen
quīn: ja, wirklich
maerēre, maeruī aliquid: traurig sein über etw.
orbitās, ātis *f.*: Elternlosigkeit, Leben ohne Vater
incolumis, e: unversehrt
tē incolumī *Abl. abs.*: solange du wohlauf bist
orbus: verwaist
reliqua: den Rest (*Akk.-Obj. zu* scrībere)
potestās, ātis *f.*: 1. Macht, Gewalt 2. Möglichkeit
sinere, sīvī, situm: (zu)lassen

Schon bald **nach Ciceros Konsula**t versuchten seine Gegner ihn politisch mundtot zu machen. Insbesondere Clodius, der mit Unterstützung Caesars das Volkstribunat erlangte, wurde Ciceros erbittertster Gegner. Clodius setzte 58 v.Chr. ein Gesetz durch, das Cicero zum Verhängnis wurde: Wer einen römischen Bürger ohne Prozess töte oder getötet habe, werde geächtet. Cicero, der als Konsul die Catilinarier hatte hinrichten lassen, ging in die Verbannung, sein Haus auf dem Palatin wurde geplündert, seine Landsitze bei Tusculum und Formiae verwüstet, sein Vermögen beschlagnahmt. Über *Brundisium* (heute: Brindisi) floh er nach Griechenland und blieb einige Zeit in Thessalonike, wo er diesen Brief schrieb. Als sich die politische Lage in Rom veränderte, wurde am 4. August 57 Ciceros Verbannung durch ein Gesetz aufgehoben und Cicero kehrte triumphal zurück.

Ciceros Schriften aus der Verbannung sind voller Selbstmitleid und Klagen. Diese Haltung wurde von der Nachwelt ebenso kritisiert wie Ciceros Eigenlob nach Ende des Konsulats (nach: Manfred Fuhrmann, Cicero und die römische Republik, München/Zürich [3]1991, S. 128–138).

Cicero verfasste selbst mehrere Schriften über sein Konsulat um sich ein Denkmal zu setzen. Seneca schreibt etwa ein Jahrhundert später (*de brevitate vitae, 5,1*): »Marcus Cicero, hin und her geworfen zwischen Leuten wie Catilina, Clodius, Pompeius und Crassus, teils offenen Feinden, teils zweifelhaften Freunden, wankte mit dem Staat und hielt ihn im Untergang aufrecht, zuletzt wurde er von ihm getrennt; er war weder im Glück ruhig noch konnte er das Unglück ertragen. Wie oft verfluchte er gerade jenes sein Konsulat, das er zwar nicht ohne Grund, aber doch ohne Ende lobte.«

**1** Was meint Cicero mit dem Satz *Meus ille laudatus consulatus … fortunas*? Lies hierzu auch den Informationstext.

**2** (a) Beschreibe anhand zentraler lateinischer Begriffe Ciceros innere Verfassung. – (b) Mit welchen Stilmitteln unterstreicht Cicero seine Aussagen? – (c) Vergleiche Senecas Äußerungen über Cicero mit dem Brief. Trifft Senecas Analyse deiner Meinung nach zu?

## 9 Wo sind die »boni«?

*pro Sestio 100; 56 v.Chr.*

Maioribus praesidiis et copiis
oppugnatur res publica quam defenditur,
propterea quod audaces homines et perditi
nutu impelluntur
5 et ipsi etiam sponte sua
contra rem publicam incitantur;
boni – nescio quo modo – tardiores sunt
et principiis rerum neglectis

ad extremum ipsa denique necessitate excitantur,
10 ita ut non numquam cunctatione ac tarditate,

dum otium volunt etiam sine dignitate retinere,
ipsi utrumque amittant.

praesidium: Schutz(truppen)
oppūgnāre: angreifen
punkt: deshalb
perditus: verkommen
nūtū: nur auf einen Wink hin
(meā, tuā, suā) sponte: aus eigenem Antrieb
tardus: langsam, träge
prīncipium: Anfang
rēs *Pl.*: *hier:* Entwicklungen
neglegere, lēxī, lēctum: vernachlässigen, missachten
ad extrēmum: erst zuletzt
necessitās, ātis *f.*: Not
excitāre: antreiben, aufwecken
cūnctātiō, ōnis *f.*: das Zögern
tarditās, ātis *f.*: Trägheit
dīgnitās, ātis *f.*: Würde, Ansehen
uterque, utraque, utrumque (*Gen.*: utrīusque): jeder (von beiden), beide

Cicero hat sich von der Nobilität abgewandt und sich Caesar und Pompeius angenähert. Er begründet diesen Schwenk (*ad familiares* 1,9,21; Rom, Ende 54 v.Chr.):

Accepisti, quibus rebus adductus quamque rem causamque defenderim, quique meus in re publica sit pro mea parte capessenda status. De quo sic velim statuas me haec eadem sensurum fuisse, si mihi integra omnia ac libera fuissent; nam neque pugnandum arbitrarer contra tantas opes neque delendum, etiam si id fieri posset, summorum civium principatum neque permanendum in una sententia conversis rebus ac bonorum voluntatibus mutatis, sed temporibus adsentiendum. Numquam enim in praestantibus in re publica gubernanda viris laudata est in una sententia perpetua permansio, sed, ut in navigando tempestati obsequi artis est, etiam si portum tenere non queas, cum vero id possis mutata velificatione adsequi, stultum est eum tenere cum periculo cursum, quem coeperis, potius quam eo commutato, quo velis, tamen pervenire, sic, cum omnibus nobis in administranda re publica propositum esse debeat, id quod a me saepissime dictum est, cum dignitate otium, non idem semper dicere, sed idem semper spectare debemus.

Du hast nun erfahren, aus welchen Gründen ich jeweils für eine Sache eingetreten bin und einen Rechtsfall übernommen habe und welchen Standpunkt ich für meinen Teil im Staat einzunehmen gedenke. Denke bitte darüber so, dass ich dasselbe gedacht hätte, wenn ich alles ganz frei hätte entscheiden können; denn ich dächte weder, dass man gegen solche Mächte kämpfen soll noch die Vorherrschaft der höchsten Männer – selbst wenn das möglich wäre – beseitigen darf noch bei ein und derselben Meinung bleiben soll, wenn die Dinge sich verändert und der Wille der Optimaten sich gewandelt haben, sondern dass man sich den Zeiten anpassen muss. Niemals ist nämlich von Männern, die sich in der Staatsführung auszeichneten, fortwährendes Beharren bei ein und derselben Meinung gelobt worden, sondern wie beim Segeln die Kunst darin besteht dem Wind zu folgen, auch wenn man den Hafen nicht erreichen kann, und wie es töricht wäre diesen Kurs, den man begonnen hat, unter Gefahr zu halten, obschon man durch Ändern der Segel das Ziel erreichen könnte, und wie es töricht wäre dies eher zu tun als den Kurs zu ändern und dennoch dahin zu kommen, wohin man will, so müssen wir, wenn auch wir alle bei der Verwaltung des Staates ein festes Ziel haben müssen, nämlich Frieden in Ehren – ich habe es sehr oft genannt –, nicht immer von demselben reden, sondern immer dasselbe im Auge haben.

*Zum ersten Text*
1 (a) Wie beurteilt Cicero die politische Lage im Jahre 56 v. Chr.? – (b) Wie verhalten sich seiner Meinung nach die *boni*? – (c) Was versteht Cicero unter *otium sine dignitate*?

*Zum zweiten Text*
2 (a) Womit begründet Cicero den Wechsel seiner politischen Haltung? Zitiere die zentralen lateinischen Begriffe. – (b) Welche Einstellung Ciceros zu Caesar und Pompeius geht aus diesem Text hervor?
3 Welcher Schluss lässt sich aus der Tatsache ziehen, dass der letzte Satz so lang und verschachtelt ist?
4 (a) Was versteht Cicero hier unter *otium cum dignitate* (s. auch Frage 1 c)? – (b) Welche Politiker unserer Zeit leben deiner Meinung nach in *otium cum dignitate*, welche in *otium sine dignitate*?

# 10 Was mir der Staat bedeutete

*ad Quintum fratrem III,5,4; Landgut bei Tusculum, Herbst 54 v. Chr.*

Abduco equidem me ab omni rei publicae cura
dedoque litteris,
sed tamen indicabo tibi,
quod mehercule in primis te celatum volebam:

5  angor, mi suavissime frater,
   angor:
   – nullam esse rem publicam, nulla iudicia,
   – nostrumque hoc tempus aetatis,
     quod in illa auctoritate senatoria
10   florere debebat,
     aut forensi labore iactari
     aut domesticis litteris sustentari,
   – illud vero, quod a puero adamaram,

   πολλὸν ἀριστεύειν καὶ ὑπείροχον ἔμμεναι ἄλλων

15   totum occidisse,

   – inimicos a me partim non oppugnatos,
     partim etiam esse defensos,
   – meum non modo animum,
     sed ne odium quidem esse liberum,
20 – unumque ex omnibus Caesarem esse inventum,
     qui me tantum, quantum ego vellem, amaret,
     aut etiam, sicuti alii putant, hunc unum esse,
     qui velit.

---

sē abdūcere: sich fernhalten
indicāre: verraten, mitteilen
in prīmīs: besonders
cēlāre aliquid aliquem: etw. vor jdm. verheimlichen
angī, angor: sich ängstigen, bedrückt sein
suāvis, e: süß, lieb

forēnsis, e: gerichtlich, bei Gericht
iactāre: *hier:* vergeuden
sustentāre: *hier:* ausfüllen
adamāram = adamāveram; adamāre: lieb gewinnen
nach Homers Ilias 6,208 und 11,784: »weitaus der Erste sein und den anderen überlegen sein«
occidere, cidī, cāsum: untergehen
inimīcus: 1. feindlich 2. Feind
oppūgnāre: angreifen
nōn modo: nicht nur, nicht allein

tantus – quantus: so viel – wie
sīcutī = sīcut: so wie

Das Prinzip der **Gewaltenteilung** liegt jedem modernen Rechtsstaat zugrunde: Die Legislative (= gesetzgebende Gewalt: z.B. Bundestag/Landtage), Exekutive (= ausführende und handelnde Gewalt: z.B. Regierungen von Bund, Ländern und Gemeinden; Verwaltungen) sowie die Judikative (Recht sprechende Gewalt: Gerichte) werden vom Volk den Volksvertretern bzw. den Richtern übertragen. Unabhängige Gerichte sind Grundvoraussetzung des Rechtsstaats. Auch das Grundgesetz basiert auf diesen Prinzipien:

**Grundgesetz Artikel 20**

1 Die Bundesrepublik Deutschland ist ein demokratischer und sozialer Bundesstaat.
2 Alle Staatsgewalt geht vom Volke aus. Sie wird vom Volke in Wahlen und Abstimmungen und durch besondere Organe der Gesetzgebung, der vollziehenden Gewalt und der Rechtsprechung ausgeübt.
3 Die Gesetzgebung ist an die verfassungsmäßige Ordnung, die vollziehende Gewalt und die Rechtsprechung sind an Gesetz und Recht gebunden.
4 Gegen jeden, der es unternimmt, diese Ordnung zu beseitigen, haben alle Deutschen das Recht zum Widerstand, wenn andere Abhilfe nicht möglich ist.

Die römische Republik war keine Demokratie. Cicero selbst bezeichnet ihre Verfassung als ideale Mischung aus monarchischen, aristokratischen und demokratischen Elementen, wobei keines dieser Elemente überwog. Dies spiegelt sich in den Institutionen Konsulat, Senat und Volksversammlung, wobei der Einfluss des Adels stets am größten war. Staatliche Gewalt wurde durch die zeitliche Begrenzung der Ämter auf ein Jahr (Annuität) und durch das Prinzip der Kollegialität, der Verteilung der Macht auf jeweils zwei Personen, begrenzt. Die heutige Aufteilung in die drei oben genannten Gewalten taucht zum ersten Mal in der Verfassung des Staates Pennsylvania 1776 auf und fand Eingang in die Verfassung der Vereinigten Staaten von 1787.

1 Welche Umstände machen Cicero Sorgen?
2 (a) Welche Merkmale zeichnen also nach Ciceros Auffassung eine funktionierende *res publica* aus? – (b) Lies den Informationstext: Welche Merkmale kennzeichnen einen modernen demokratischen Rechtsstaat? Vergleiche ihn mit Ciceros Vorstellungen von einer funktionierenden *res publica*.
3 Interpretiere das Iliaszitat: (a) Welches Grundmotiv bestimmte Ciceros politisches Handeln? – (b) Welche Folgen hat nach Ciceros Meinung die Tatsache, dass dieses Motiv nicht mehr die Politik bestimmt?
4 Zum letzten Spiegelstrich: Die Aussage ist von Cicero wohl absichtlich mehrdeutig formuliert. Überlege: Wer mag wen wie sehr?

# 11 Was tun – wenn nicht politisch tätig sein?

*ad Atticum IV,10; 22. April 55 v. Chr.*

Ego hic pascor bibliotheca Fausti.
Fortasse tu putabas his rebus
Puteolanis et Lucrinensibus.
Ne ista quidem desunt.
5  Sed mehercule

ut a ceteris oblectationibus deseror

et taedet voluptatum propter rem publicam,
sic litteris sustentor et recreor
maloque in illa tua sedecula,
10  quam habes sub imagine Aristotelis, sedere

quam in istorum sella curuli
tecumque apud te ambulare
quam cum eo,
quocum video esse ambulandum.
15  Sed de illa ambulatione fors viderit
aut si quis est, qui curet, deus.

*(ad Quintum fratrem II,13,1;
Landgut bei Cumae oder Pompeji, Mai 54 v. Chr.)*

Ego me in Cumano et Pompeiano,
20  praeterquam quod sine te,
ceterum satis commode oblectabam.
Scribebam illa, quae dixeram πολιτικά,

spissum sane opus et operosum;

sed, si ex sententia successerit,
25  bene erit opera posita,
sin minus, in illud ipsum mare deiciemus,
quod spectantes scribimus,
aggrediemur alia,
quoniam quiescere non possumus.

---

pāscī aliquā rē: an etw. seine Freude haben
putābās: *erg.:* mē pāscī
rēs Puteolānae et Lucrīnēnsēs: Spezialitäten aus Puteoli und vom Lukrinersee *(in der Nähe von Neapel, bekannt für Austern)*
oblectātiō, ōnis *f.:* Vergnügung
dēserī: *hier:* sich fernhalten
taedet alicuius reī: es ekelt vor etw.
voluptās, ātis *f.:* Lust, Vergnügen
sustentāre: aufrechterhalten
recreārī: sich erholen
sēdēcula: Stühlchen
imāgō, inis *f.:* Bild
Aristotelēs, is: griech. Philosoph des 4. Jh. v. Chr., schrieb ein berühmt gewordenes staatsphilosophisches Werk
sella curūlis: Amtsstuhl *(der höheren Beamten)*
ambulāre: spazieren gehen
eō: gemeint ist Pompeius
ambulātiō, ōnis *f.:* Spaziergang
fors, fortis *f.:* Schicksal, Zufall
viderit: er mag entscheiden

Cūmānum/Pompēiānum: *Landgüter Ciceros bei Cumae/Pompeji*
praeterquam quod: abgesehen davon, dass
cēterum *Adv.:* im Übrigen
commodus: angenehm
oblectāre: erfreuen
πολιτικά: staatswissenschaftliches Werk *(gemeint ist de re publica; s. hierzu den Informationstext)*
spissus: umfangreich, aufwendig
sānē *Adv.:* durchaus
operōsus: mühevoll
ex sententiā succēdere: nach Wunsch gelingen
opera, ae *f.:* Arbeit, Mühe
sīn minus: wenn aber nicht
dēicere, iō, iēcī, iectum: hinabwerfen
aggredī, ior, aggressus sum: angreifen, in Angriff nehmen
quoniam: da ja
quiēscere, quiēvī, quiētum: ausruhen, stillsitzen

**Philon von Larissa**, der Leiter der von Platon 388 v.Chr. in Athen gegründeten Akademie, übte großen Einfluss auf Cicero aus. Cicero blieb der philosophischen Richtung der »akademischen Skepsis« zeit seines Lebens treu. Schon früh (84 v.Chr.) schrieb er in *de inventione* (2,9–10), dass er gerne seine Meinung ändere, wenn er eines Besseren belehrt würde; denn man dürfe nicht an einmal getroffenen Einsichten zu lange festhalten, sondern müsse immer jeden einzelnen Punkt zweifelnd prüfen *(quaerentes dubitanter)*. Diese Grundhaltung wolle er sein Leben lang bewahren.

Mit seinem staatstheoretischen Werk *de re publica*, an dem er von 55 bis 51 v.Chr. schrieb, stellte sich Cicero bewusst in die Tradition der griechischen Philosophen Platon und Aristoteles. Der erzwungene Rückzug aus der Politik ist für die europäische Geistesgeschichte ein Glücksfall: Ciceros Verdienst ist es, dass die Philosophie in Rom heimisch wurde, er betrachtete sie nicht als eine Disziplin, die nur für wenige Eingeweihte zugänglich sein sollte, sondern verschaffte ihr einen Platz in der Mitte des römischen Lebens.

*Literatur*
Manfred Fuhrmann, Cicero, a.a.O., S. 41–42.
Cicero zum Vergnügen, »Stillsitzen kann ich einfach nicht«, herausgegeben und übersetzt von Marion Giebel, Stuttgart 1997, S. 8–9.

1 Weshalb beschäftigt sich Cicero mit philosophischen Studien und was bedeutet ihm die Lektüre und das eigene literarische Schaffen?
2 Welche Charakterzüge Ciceros werden hier deutlich?
3 Weshalb kann man die Tatsache, dass Cicero politisch »kaltgestellt« war, als Glücksfall für die europäische Geistesgeschichte bezeichnen (lies hierzu auch den Informationstext)?

Sub imagine Aristotelis (vor der Universität von Freiburg im Breisgau).

## 12 Weshalb ich lese

*pro Archia poeta 12–14; 16; 62 v. Chr.*

Ego vero fateor me his studiis esse deditum.
Ceteros pudeat, si qui ita se litteris abdiderunt,
ut nihil possint ex iis
neque ad communem afferre fructum
5 neque in aspectum lucemque proferre;
me autem quid pudeat,
qui tot annos ita vivo, iudices,
ut a nullius umquam me tempore aut commodo
aut otium meum abstraxerit
10 aut voluptas avocarit
aut denique somnus retardarit?

Atque hoc adeo mihi concedendum est magis,
quod ex his studiis haec quoque crescit oratio
et facultas,
15 quae – quantacumque est in me –
numquam amicorum periculis defuit.
Quae si cui levior videtur,
illa quidem certe, quae summa sunt,
ex quo fonte hauriam, sentio.

20 Quam multas nobis imagines
non solum ad intuendum,
verum etiam ad imitandum
fortissimorum virorum expressas

scriptores et Graeci et Latini reliquerunt.
25 Quas ego mihi semper
in administranda re publica proponens
animum et mentem meam
ipsa cogitatione hominum excellentium
conformabam.

30 Haec studia adulescentiam agunt,
senectutem oblectant,
secundas res ornant,
adversis perfugium ac solacium praebent,

---

fatērī, eor, fassus sum: gestehen
pudet aliquem: jd. schämt sich

commūnis, e: gemeinsam, gemeinschaftlich
in aspectum lūcemque: in den Blick der Öffentlichkeit
tot: so viele
umquam *Adv.*: jemals
tempus: *hier:* schwierige Lage, Notabstrahere, trāxī, tractum: losreißen, wegziehen
āvocāre: wegrufen
retardārit = retardāverit; retardāre: abhalten
adeō magis: umso mehr
concēdere, cessī, cessum: zugestehen, erlauben

quantuscumque: wie groß auch immer
levis, e: leicht, schwach, unbedeutend
illa ... quae summa sunt: *Akk.-Obj. zu* hauriam
fōns, fontis *m.*: Quelle
haurīre, hausī, haustum: schöpfen

nōn sōlum ... vērum etiam: nicht nur ... sondern auch
intuērī: anschauen, betrachten
imitārī: nachahmen
exprimere, pressī, pressum: ausdrücken, darstellen
scrīptor, ōris *m.*: Schriftsteller
prōpōnere, posuī, positum: vor Augen stellen

cōnfōrmāre: bilden, schulen
adulēscentia: Jugend
oblectāre: erfreuen
rēs secundae, rērum secundārum *f.*: Glück
ōrnāre: schmücken, verschönern
rēs adversae, rērum adversārum *f.*: Unglück
perfugium: Zuflucht
sōlācium: Trost

delectant domi, non impediunt foris,
pernoctant nobiscum, peregrinantur, rusticantur.

forīs *Adv.*: draußen
pernoctāre: die Nacht verbringen
peregrīnārī: in der Fremde begleiten
rūsticārī: sich auf dem Land aufhalten

**Die »alten« Römer** waren ein Volk von Bauern und Soldaten. Cato schrieb um etwa 200 v. Chr. in seinem Werk über den Landbau *(de agricultura)*: »… aus den Bauern werden die tapfersten Männer und tüchtigsten Soldaten … und die Menschen, die mit dieser Arbeit beschäftigt sind, sind die, die am wenigsten Schlechtes im Sinn haben«. Derselbe Cato begegnete allen griechischen Einflüssen auf die römische Gesellschaft mit Vorbehalten; so wurden auf seine Veranlassung hin die griechischen Philosophen, die 156/55 als Gesandte nach Rom kamen, sogleich nach Beendigung ihrer Mission wieder nach Hause geschickt.

Es ist schon bemerkenswert, dass nach der Gründung Roms fast 6 Jahrhunderte vergingen, in denen so gut wie keine römische Literatur entstand, bis Livius Andronicus mit der Übersetzung der Odyssee das erste literarische Werk in lateinischer Sprache schuf. Als während des Zweiten Punischen Krieges römische Soldaten auf Sizilien griechische Theater kennen lernten, entstand das Bedürfnis nach eigenen, römischen Theaterstücken. Plautus schrieb die ersten römischen Komödien, zwar nach griechischen Vorbildern, aber doch mit eigenständig römischem Charakter.

Die Vorbehalte gegenüber Dichtern und Literaten blieben in der römischen Gesellschaft bis in das erste Jahrhundert v. Chr. erhalten. So rechtfertigt sich auch Cicero immer wieder, wenn er sich mit Literatur und Philosophie beschäftigt; letztlich bleibt es auch für ihn selbst stets die zweitbeste Möglichkeit der Lebensgestaltung, die nur dann gewählt wird, wenn der Weg zur besten, nämlich zum Einsatz für den Staat, versperrt ist.

**1** (a) Zitiere lateinisch die Textstellen, an denen Cicero vom praktischen Nutzen seiner literarischen Studien spricht. – (b) Fasse zusammen: Auf welche Lebensbereiche erstreckt sich der Nutzen?

**2** Weshalb meint Cicero sich für die Beschäftigung mit Literatur rechtfertigen zu müssen (lies hierzu auch den Informationstext).

**3** Aus welchen Gründen liest du Bücher? Vergleiche mit Ciceros Argumentation.

# 13 Wo kann ich Trost finden?

*ad Atticum XII,14,3; Astura, 8. März 45 v. Chr.*

*Lies vor der Übersetzung den Informationstext.*

Nihil enim de maerore minuendo scriptum ab ullo est,
quod ego non legerim.
Sed omnem consolationem vincit dolor.
Quin etiam feci, quod profecto ante me nemo,
5  ut ipse me per litteras consolarer.
Quem librum ad te mittam, si descripserint librarii;
adfirmo tibi nullam consolationem esse talem.

Totos dies scribo, non quo proficiam quid,

sed tantisper impedior;
10 non equidem satis – vis enim urget –,

sed relaxor tamen omniaque nitor non ad animum,

sed ad vultum ipsum, si queam, reficiendum.

*ad Atticum XII,15; Astura, 9. März 45 v. Chr.*

In hac solitudine careo omnium colloquio,

15 cumque mane me in silvam abstrusi

densam et asperam,
non exeo inde ante vesperum.
Secundum te nihil est mihi amicius solitudine.
In ea mihi omnis sermo est cum litteris;
20 eum tamen interpellat fletus, cui repugno,

quoad possum, sed adhuc pares non sumus.

---

minuere, minuī, minūtum: vermindern, verringern
cōnsōlātiō, ōnis *f.*: Trost
quīn etiam: ja sogar
profectō *Adv.*: in der Tat
cōnsōlārī: trösten
dēscrībere: abschreiben
librārius: Schreiber
affirmāre: bekräftigen, versichern
tālis, e: so beschaffen, solch ein
quō + *Konj.*: damit dadurch
prōficere, iō, fēcī, fectum: vorwärtskommen, bewirken
tantisper: unterdessen
satis: *erg.:* impedior
urgēre, ursī: (be)drängen
relaxārī: sich erholen
omnia nītor: ich setze alles daran
sī queam: soweit ich kann
reficere, iō, fēcī, fectum: wiederherstellen, ins Gleichgewicht bringen

carēre + *Abl.*: etw. entbehren, etw. nicht haben
māne *Adv.*: morgens
abstrūdere, trūsī, trūsum: verbergen
dēnsus: dicht
asper, era, erum: rau, unwirtlich
secundum + *Akk.*: sogleich nach
interpellāre: unterbrechen
flētus, ūs *m.*: das Weinen
repūgnāre: sich widersetzen
quoad: soweit
adhūc *Adv.*: bis jetzt, noch
pār, paris: gleich, gewachsen

Cicero hatte mit seiner Ehefrau Terentia zwei Kinder, Marcus und Tullia. 46 v. Chr. ließ er sich von Terentia scheiden und heiratete ein junges Mädchen mit Namen Publilia, die er jedoch bald wieder zu ihrer Mutter nach Hause schickte. Ciceros Tochter Tullia starb im Februar 45 v. Chr., kurze Zeit nach der Geburt ihres Sohnes, im Alter von nur 32 Jahren. Die Tochter Tullia war dreimal verheiratet: Ihr erster Ehemann starb, die beiden folgenden Verbindungen wurden wieder geschieden. Cicero sorgte sich sehr um seine Tulliola, wie er seine Tochter oft liebevoll nennt. Ihr Tod stürzte ihn in tiefe Depression.

Grabmal einer jungen Frau, Kerameikos, Athen.

**1** Auf welche Weise und mit welchen Riten versuchen heute Menschen Trost zu finden, wenn ein nahe stehender Mensch stirbt?
**2** (a) Wie versucht Cicero sich über den Tod seiner Tochter zu trösten? Zitiere die entsprechenden lateinischen Begriffe. – (b) Vergleiche mit den Ergebnissen aus Frage 1.

# 14 Leben ohne Gemeinschaft?

*ad Paetum: ad familiares IX,23; Landgut Ciceros bei Cumae, 25. 10. 44 v. Chr.*

Heri veni in Cumanum, cras ad te fortasse;
sed cum certum sciam,

faciam te paulo ante certiorem;

etsi M. Caeparius,

5   cum mihi in silva Gallinaria obviam venisset

quaesissemque, quid ageres,
dixit te in lecto esse, quod ex pedibus laborares.
Tuli scilicet moleste, ut debui,
sed tamen constitui ad te venire,
10   ut et viderem te et viserem et cenarem etiam;
non enim arbitror cocum etiam te arthriticum habere.
Exspecta igitur hospitem

cum minime edacem
tum inimicum cenis sumptuosis.

heri *Adv.*: gestern
Cūmānum: *Landgut Ciceros bei Cumae*
crās *Adv.*: morgen
certiōrem facere: benachrichtigen
paulō ante *Adv.*: kurz zuvor
etsī: wenn auch
silva Gallīnāria: Hühnerwald *(in Kampanien)*
obviam venīre: begegnen
quaesīssem = quaesīvissem
labōrāre ex + *Abl.*: leiden an
molestē ferre: bedauern
scīlicet *Adv.*: natürlich
vīsere, vīsī: besichtigen, besuchen
cōcus: Koch
arthrīticus: gichtkrank
hospes, itis *m.*: Gast(freund)
cum ... tum: sowohl ... als auch besonders
edāx, ācis: gefräßig
sūmptuōsus: aufwendig

15   *ad Paetum; ad familiares IX,24,2–3;
Rom, Ende Januar/Anfang Februar 43*

Te ad cenas itare desisse moleste fero;
magna enim te delectatione et voluptate privasti;

deinde etiam vereor – licet enim verum dicere –,
20   ne nescio quid illud,

quod solebas, dediscas et obliviscare, cenulas facere.

Sed mehercule, mi Paete, extra iocum moneo te,

itāre: regelmäßig gehen
dēsīsse = desiisse
dēsinere, dēsiī, desitum: aufhören
dēlectātiō, ōnis *f.*: Vergnügen
prīvāstī = prīvāvistī
prīvāre: berauben
deinde *Adv.*: darauf
nesciō quid: irgendwie
dēdīscere: verlernen
oblīvīscāre = oblīvīscāris
oblīvīscī, or, oblītus sum: vergessen
cēnula: kleines Diner
extrā iocum: ohne Scherz
monēre, monuī, monitum: ermahnen

quod pertinere ad beate vivendum arbitror,
ut cum viris bonis, iucundis, amantibus tui vivas.
25 Nihil est aptius vitae,
nihil ad beate vivendum accommodatius.
Nec id ad voluptatem refero
sed ad communitatem vitae
atque victus remissionemque animorum,
30 quae maxime sermone efficitur familiari,
qui est in conviviis dulcissimus,
ut sapientius nostri quam Graeci;
illi συμπόσια aut σύνδειπνα

id est compotationes aut concenationes,

35 nos »convivia«, quod tum maxime simul vivitur.

Vides, ut te philosophando revocare coner ad cenas.

Cura, ut valeas; id foris cenitando facillime consequere.

nihil est aptius vītae: nichts erfreut das Leben mehr
accomodātus: geeignet
referre ad: beziehen auf
commūnitās, ātis *f.*: Gemeinschaft
vīctus, ūs *m.*: Lebensweise
remisssiō, ōnis *f.*: Erholung, Entspannung
nostrī: die Unseren, unsere Landsleute
συμπόσια/σύνδειπνα = compōtātiōnēs/concēnātiōnēs: gemeinsames Trinken/gemeinsames Essen
id est: das heißt
tum maximē: gerade dabei
revocāre: zurückrufen
valēre, uī: gesund sein
cēnitāre: regelmäßig essen gehen
cōnsequēre = cōnsequēris
cōnsequī, sequor, secūtus sum: erreichen

**Ironie**
Feiner, versteckter Spott, der eine Sache unter dem Anschein sie ernst zu nehmen lächerlich macht.

**1** Zeichne Satzbilder zu folgenden Sätzen: Erster Text: Zeile 4–6; zweiter Text: Zeile 22–24.
**2** (a) Welchen Zweck erfüllen nach Ciceros Darstellung die *convivia*? Zitiere die entsprechenden Ausdrücke lateinisch. – (b) Worin unterscheiden sich nach Ciceros Auffassung römische *convivia* von griechischen συμπόσια oder σύνδειπνα?
**3** Lies die Definition von Ironie: (a) An welchen Stellen schreibt Cicero ironisch? – (b) Was will er damit erreichen?

# 15 Zwischen Resignation …

*ad Paetum: ad familiares IX,20,3; Rom, Anfang August 46 v. Chr.*

Haec igitur est nunc vita nostra:
mane salutamus domi et bonos viros multos,
sed tristis, et hos laetos victores,
qui me quidem perofficiose et peramanter observant.

5 Ubi salutatio defluxit, litteris me involvo,

aut scribo aut lego.
Veniunt etiam, qui me audiunt
quasi doctum hominem,
quia paulo sum quam ipsi doctior.
Inde corpori omne tempus datur.
10 Patriam eluxi iam
et gravius et diutius
quam ulla mater unicum filium.

*salūtāre: hier:* Besuche empfangen
*trīstis, e:* traurig, *ist auf* Cicero *zu beziehen*
*perofficiōsē Adv.:* sehr gefällig
*peramanter Adv.:* überaus liebenswürdig
*observāre: hier:* achten
*salūtātiō, ōnis f.:* morgendlicher Besucherstrom
*dēfluere, flūxī: hier:* sich verlaufen
*sē litterīs involvere:* sich in die Studien vertiefen

*paulō:* ein wenig

*ēlūgēre, lūxī:* betrauern

*ūnicus:* einzig

**1** (a) Beschreibe den Tagesablauf Ciceros und nenne dabei die einzelnen Tätigkeiten auf Lateinisch. – (b) Wie beurteilt Cicero diese Tätigkeiten?
**2** (a) Wie beschreibt er selbst seine Stimmung? – (b) Wie verhalten sich die *victores* ihm gegenüber? – (c) Welches Verhältnis Ciceros zu seinem Vaterland wird in diesem Briefausschnitt deutlich?

Haus des Meleager, Pompeji.

# 16 ... und Aggressivität

*in Antonium II, 62–63; 44 v. Chr.*

Quid ego istius decreta, quid rapinas,

quid hereditatum possessiones datas,
quid ereptas proferam?

Cogebat egestas; quo se verteret, non habebat.
5 Sed haec,

quae robustioris improbitatis sunt, omittamus;

loquamur potius de nequissimo genere levitatis.

Tu istis faucibus, istis lateribus,

ista gladiatoria totius corporis firmitate
10 tantum vini in Hippiae nuptiis exhauseras,

ut tibi necesse esset

in populi Romani conspectu vomere postridie.

O rem non modo visu foedam, sed etiam auditu!

Si inter cenam in ipsis tuis immanibus illis poculis
15 hoc tibi accidisset,

quis non turpe duceret?

In coetu vero populi Romani

---

dēcrētum: Beschluss, Verordnung
rapīna: Raubzug
hērēditās, ātis *f.*: Erbschaft
possessiō, ōnis *f.*: Besitz, Eigentum
egestās, ātis *f.*: Armut, Mangel
nōn habēbat: er wusste nicht
rōbustus: kräftig, stark
improbitās, ātis *f.*: Schlechtigkeit, Verworfenheit
omittere, mīsī, missum: loslassen, sein lassen, übergehen
potius *Adv.*: eher, lieber
nēquissimus: liederlichster
levitās, ātis *f.*: Leichtsinn, Haltlosigkeit
faucēs, ium *f.*: Kehle, Schlund
latus, eris *n.*: (Körper-)Seite
gladiātōrius: eines Gladiators
firmitās, ātis *f.*: Stärke
vīnum: Wein
nūptiae, ārum *f.*: Hochzeit
exhaurīre, hausī, haustum: leeren, saufen
cōnspectus, ūs *m.*: Anblick
vomere: kotzen
postrīdiē *Adv.*: am Tag darauf
nōn modo ... sed etiam: nicht nur ... sondern auch
visū: *Supinum*
foedus: hässlich, scheußlich
immānis, e: riesig
pōculum: Becher
accidit, accidit: es geschieht
turpis, e: hässlich
dūcere + *dopp. Akk.*: halten für
coetus, ūs *m.*: Versammlung

negotium publicum gerens magister equitum,
cui ructare turpe esset,
20 is vomens frustis esculentis vinum redolentibus

gremium suum et totum tribunal implevit!

magister equitum: Reiteroberst
rūctāre: rülpsen
frūstīs ēsculentīs vīnum redolentibus: mit nach Wein riechenden Essensbrocken
gremium: Schoß
tribūnal, ālis *n.*: Tribüne
implēre, plēvī, plētum: füllen

### Sehnsucht nach der alten *res publica*

Nach der Ermordung Caesars hoffte Cicero, dass die alte *res publica* wiederhergestellt werden könne. Doch ein weiteres Mal täuschte er sich. So griff er in 14 Reden Marcus Antonius scharf an; dieser schloss mit Octavian, auf den Cicero seine Hoffnungen gesetzt hatte, und Lepidus im Oktober 43 v.Chr. ein Triumvirat, eine Dreimännerdiktatur. Die Personen, deren Namen auf die von diesen aufgestellten Proskriptionslisten gesetzt wurden, galten als vogelfrei, ihr Vermögen fiel an den Staat. Auf den Proskriptionslisten sollen 300 Senatoren und 2000 Ritter gestanden haben. Auch Cicero wurde ermordet, sein Kopf und seine Hände wurden auf Befehl des Antonius abgeschlagen und an der Rednerbühne auf dem Forum befestigt *(nach Fuhrmann, a.a.O., S. 305–306)*.

**1** Welche Charakterzüge des Antonius hebt Cicero hervor?
**2** Zu welchen rhetorischen Mitteln greift er dabei?
**3** Wie lässt sich der unterschiedliche Stil der Texte 15 und 16 erklären?

Cicero. Marmorbüste. München, Privatbesitz.

## 17 Was bleibt am Ende?

*de officiis I,1; 3; Ende Oktober 44 v.Chr.*

An den Sohn, der in Athen studiert:

Ut ipse ad meam utilitatem
semper cum Graecis Latina coniunxi
neque id in philosophia solum,
sed etiam in dicendi exercitatione feci,
idem tibi censeo faciendum,
ut par sis in utriusque orationis facultate.
Quam quidem ad rem nos, ut videmur,
magnum attulimus adiumentum hominibus nostris,
ut non modo Graecarum litterarum rudes,
sed etiam docti aliquantum se arbitrentur adeptos
et ad dicendum et ad iudicandum.

Quamobrem magnopere te hortor, mi Cicero,
ut non solum orationes meas,
sed hos etiam de philosophia libros,
qui iam illis fere se aequarunt, studiose legas.

ūtilitās, ātis *f.*:
Nutzen, Vorteil
coniungere, iūnxī, iūnctum:
verbinden
exercitātiō, ōnis *f.*: Übung

adiūmentum: Hilfe
rudis, e: ungebildet, ohne Kenntnis
aliquantus: ziemlich viel, beträchtlich
adipīscī, or, adeptus sum: erlangen
quamobrem: weshalb, deshalb
māgnopere *Adv.*: sehr
hortārī: auffordern, ermahnen
illīs ... sē aequārunt: sie haben die gleiche Bedeutung erreicht wie jene
studiōsus: eifrig

Im Heiligtum der Fortuna, Palestrina.

*und am Ende dieses philosophischen Werkes (III,121):*

Habes a patre munus, Marce fili,
mea quidem sententia magnum,
sed perinde erit, ut acceperis.
Vale igitur, mi Cicero, tibique persuade
esse te quidem mihi carissimum,
sed multo fore cariorem,
si talibus monumentis praeceptisque laetabere.

perinde *Adv.*: in dem Maße, so
valē!: leb wohl!
cārus: lieb
fore = futūrum esse
monumentum: Denkmal, Andenken
praeceptum: Lehre
laetābere = laetāberis
laetārī: sich freuen

**1** (a) Cicero spricht in Zeile 1 von *utilitas*: Worin sieht er selbst den Nutzen seines Werkes (zitiere lateinisch)? – (b) Wem will er nützen?
**2** Worin besteht der eigentliche Wert des Geschenkes für seinen Sohn?
**3** Lies nochmals den Informationstext auf S. 31 und informiere dich in Nachschlagewerken: Was bedeuten Ciceros Werke für die europäische Geistesgeschichte?

Die Mittelschule in Arpino ist nach dem berühmten Sohn der Stadt benannt.

# Lernwortschatz

## A

| | |
|---|---|
| absterrēre, terruī | abschrecken, abhalten |
| abstrahere, trāxī, tractum | losreißen, wegziehen |
| ac | und |
| accidit, accidit | es geschieht |
| acūtus | scharf |
| adhūc *Adv.* | bis jetzt, noch |
| adipīscī, or, adeptus sum | erlangen |
| admonēre, monuī, monitum | mahnen, erinnern |
| adulēscentia | Jugend |
| adversus | feindlich, unglücklich |
| aetās, ātis *f.* | Lebenszeit, Leben |
| affirmāre | bekräftigen, versichern |
| aggredī, ior, aggressus sum | angreifen, in Angriff nehmen |
| aliter *Adv.* | auf andere Weise |
| arbitrārī | glauben, meinen |
| arcessere, arcessīvī, arcessītum | herbeirufen |
| asper, era, erum | rau, unwirtlich |
| auris, is *f.* | Ohr |
| avus | Großvater |

## B

| | |
|---|---|
| bonī, ōrum *m.* | die Guten |

## C

| | |
|---|---|
| calamitās, ātis *f.* | Unglück |
| carēre + *Abl.* | etw. entbehren, etw. nicht haben |
| cārus | lieb |
| cāsū (*Abl.* von cāsus, ūs *m.* Fall, Zufall) | zufällig |
| cēlāre aliquid aliquem | etw. vor jdm. verheimlichen |
| cernere, crēvī, crētum | wahrnehmen, sehen |
| cōgitātiō, ōnis *f.* | das Denken, Gedanke |
| cōmis, e | freundlich |
| commendāre | anvertrauen, ans Herz legen |
| commodum | Vorteil, Nutzen |
| commodus | angenehm |
| commūnicāre | gemeinsam beraten, gemeinsam besprechen |
| commūnis, e | gemeinsam, gemeinschaftlich |
| concēdere, cessī, cessum | zugestehen, erlauben |
| concidere, cidī | zu Boden fallen, zusammenbrechen |
| concitāre | bewegen, antreiben |
| congressus, ūs *m.* | Zusammenkunft, Besuch |
| cōnscius + in + *Abl.* | eingeweiht in, vertraut mit |
| cōnsecrāre | weihen |
| cōnsequī, sequor, secūtus sum | erreichen |
| cōnsōlārī | trösten |
| cōnspectus, ūs *m.* | Anblick |
| cōnsulātus, ūs *m.* | Amt des Konsuls, Konsulat |
| cōnsūmere, sūmpsī, sūmptum | verbrauchen, verbringen |
| cotīdiē *Adv.* | täglich |
| crās *Adv.* | morgen |
| cum … tum | sowohl … als auch besonders |

## D

| | |
|---|---|
| dēcrētum | Beschluss, Verordnung |
| dēfēnsor, ōris *m.* | Verteidiger |
| dēicere, iō, iēcī, iectum | hinabwerfen |
| deinde *Adv.* | darauf |
| dēnsus | dicht |
| dēsinere, desiī, desitum | aufhören |
| dēsistere, stitī, stitum | aufhören |
| dēspicere, iō, spēxī, spectum | verachten. |
| diffundere, fūdī, fūsum | verstreuen, verbreiten |
| dīgnitās, ātis *f.* | Würde, Ansehen |
| dīligēns, entis | sorgfältig, gewissenhaft |
| dissimulāre | verheimlichen |
| domesticus | privat, persönlich |
| dominātiō, ōnis *f.* | Gewaltherrschaft |
| dūcere + *dopp. Akk.* | halten für |
| dulcis, e | süß, lieb |

## E

| | |
|---|---|
| effigiēs, ēī *f.* | Abbild |
| egestās, ātis *f.* | Armut, Mangel |
| etsī | wenn auch |
| excipere, iō, cēpī, ceptum | aufnehmen |
| excitāre | antreiben, aufwecken |
| excōgitāre | erfinden, ausdenken |
| exīstimāre | glauben, meinen |
| exprimere, pressī, pressum | ausdrücken, darstellen |
| extrēmus | äußerster, letzter |

## F

| | |
|---|---|
| familiāris, e | vertraut |
| fatērī, eor, fassus sum | gestehen |
| faucēs, ium *f.* | Kehle, Schlund |
| fingere | erdichten, vorgeben |
| flēre flēvī, flētum | weinen |
| flētus, ūs *m.* | das Weinen |
| foedus | hässlich, scheußlich |
| fōns, fontis *m.* | Quelle |
| fore = futūrum esse | |
| forīs *Adv.* | draußen |
| fors, fortis *f.* | Schicksal, Zufall |
| frūctus, ūs *m.* | Nutzen, Gewinn |

## G

| | |
|---|---|
| gignere, genuī, genitum | zeugen, hervorbringen |
| grātulārī | gratulieren |
| grātus | willkommen, beliebt |
| gremium | Schoß |
| grex, gregis *m.* | Herde, Menge |
| gubernāre | lenken, leiten |

## H

| | |
|---|---|
| haurīre, hausī, haustum | schöpfen |
| herī *Adv.* | gestern |
| honestus | anständig, ehrenhaft |
| hortārī | auffordern, ermahnen |
| hospes, itis *m.* | Gast(freund) |

## I

| | |
|---|---|
| ictus, ūs *m.* | Stoß, Schlag |
| imāgō, inis *f.* | Bild |
| imitārī | nachahmen |
| immānis, e | riesig |
| immō *Adv.* | im Gegenteil, nein vielmehr |
| implēre, plēvī, plētum | füllen |
| improbus | schlecht, böse |
| incolumis, e | unversehrt |
| indicāre | verraten, mitteilen |
| īnfirmus | schwach |
| inimīcus | 1. feindlich 2. Feind |
| inquam | sagte ich |
| īnscrībere, scrīpsī, scrīptum | darauf schreiben |

| | | | |
|---|---|---|---|
| integer, gra, grum | unbescholten, anständig | monēre, monuī, monitum | ermahnen |
| intellegere, intellēxī, intellēctum | bemerken, (ein)sehen | monumentum | Denkmal, Andenken |
| intuērī | anschauen, betrachten | morī, morior, mortuus sum | sterben |
| iūcundus | willkommen, angenehm | | |

## N

| | |
|---|---|
| nancīscī, or, nactus sum | erlangen, finden |
| nē ... quidem | nicht einmal |
| nec = neque | |
| necesse est | es ist notwendig |
| necessitās, ātis f. | Not |
| neglegere, lēxī, lēctum | vernachlässigen, missachten |
| nōbilitās, ātis f. | 1. Adel 2. Berühmtheit |
| nōn modo | nicht nur, nicht allein |
| nōn modo ... sed etiam | nicht nur ... sondern auch |
| nōn sōlum ... vērum etiam | nicht nur ... sondern auch |
| nostrī | die Unseren, unsere Landsleute |

## L

| | |
|---|---|
| laetārī | sich freuen |
| latēre | verborgen sein |
| latus, eris n. | (Körper)seite |
| lātus | weit, breit |
| laus, laudis f. | Lob, Ruhm |
| levāre | erleichtern, lindern |
| levis, e | leicht, schwach, unbedeutend |
| levitās, ātis f. | Leichtsinn, Haltlosigkeit |
| libellus | Schriftstück, (kleines) Buch |
| līberālis, e | freundlich, großzügig |
| līberī, ōrum m. | Kinder |
| lībertīnus | Freigelassener |
| loca, ōrum n. | Gegend |
| lūctus, ūs m. | Trauer |

## O

| | |
|---|---|
| oblīvīscī, or, oblītus sum | vergessen |
| obscūrus | dunkel, verborgen |
| occidere, cidī, cāsum | untergehen |
| omittere, mīsī, missum | loslassen, sein lassen, übergehen |
| opera, ae f. | Arbeit, Mühe |
| opīnārī | meinen, glauben |
| oppūgnāre | angreifen |
| optimus quisque | (»jeder Beste«), gerade die Besten |
| orbis (is m.) terrae | Erdkreis |
| ōrdō, inis m. | Klasse, Stand |
| orīrī, ortus sum | entstehen; (+ Abl.) abstammen von |
| ōrnāre | schmücken, verschönern |

## M

| | |
|---|---|
| maerēre, maeruī aliquid | traurig sein über etw. |
| maeror, ōris m. | Trauer, Kummer |
| magister equitum | Reiteroberst |
| magistrātus, ūs m. | Beamter, Behörde, Amt |
| māgnopere Adv. | sehr |
| māiōrēs, um m. | Vorfahren |
| māne Adv. | morgens |
| meherculē | beim Herkules! |
| minuere, minuī, minūtum | vermindern, verringern |
| molestē ferre | bedauern |

| | |
|---|---|
| ōtiōsus | in Muße, in Ruhe |
| ōtium | freie Zeit, Ruhe, (privater) Friede |

**P**

| | |
|---|---|
| pār, paris | gleich, gewachsen |
| particeps, cipis + *Gen.* | beteiligt an |
| partim ... partim | teils ... teils |
| patēre, patuī | offen stehen |
| paulō *Adv.* | ein wenig |
| paulō ante *Adv.* | kurz zuvor |
| perditus | verkommen |
| perfugium | Zuflucht |
| pertinēre ad | 1. beitragen zu 2. sich erstrecken auf |
| perturbātiō, ōnis *f.* | Verwirrung, Störung |
| plānē *Adv.* | deutlich |
| pōculum | Becher |
| populāris, e | des Volkes, für das Volk |
| possessiō, ōnis *f.* | Besitz, Eigentum |
| postrīdiē *Adv.* | am Tag darauf |
| potestās, ātis *f.* | 1. Macht, Gewalt 2. Möglichkeit |
| potius *Adv.* | eher, lieber |
| prae + *Abl.* | vor |
| praeceptum | Lehre |
| praedicāre | rühmen, öffentlich sprechen |
| praesēns, entis | gegenwärtig |
| praesidium | Schutz(truppen) |
| praestāre, stitī | 1. voranstehen 2. leisten |
| praetermittere, mīsī, missum | vorbeigehen lassen |
| premere, pressī, pressum | drücken, pressen, immer wieder aufsuchen |
| prīncipium | Anfang |
| prīvāre | berauben |
| profectō *Adv.* | in der Tat |
| prōficere, iō, fēcī, fectum | vorwärtskommen, bewirken |
| proficīscī, or, profectus sum | aufbrechen, abreisen |
| prōpōnere, posuī, positum | vor Augen stellen |
| proptereā | deshalb |
| pudet aliquem | jd. schämt sich |

**Q**

| | |
|---|---|
| quālis, e | wie (beschaffen), in welcher Verfassung |
| quamobrem | weshalb, deshalb |
| quārē | weshalb, deshalb |
| quiēscere, quiēvī, quiētum | ausruhen, stillsitzen |
| quīn etiam | ja sogar |
| quisque | jeder |
| quoad | soweit |
| quoniam | da ja |

**R**

| | |
|---|---|
| recreārī | sich erholen |
| referre ad | beziehen auf |
| reficere, iō, fēcī, fectum | wiederherstellen, ins Gleichgewicht bringen |
| reperīre, iō, repperī, repertum | finden |
| requiēs, ētis *f.* | Ruhe, Zeit zur Erholung |
| rēs adversae, rērum adversārum *f.* | Unglück |
| rēs secundae, rērum secundārum *f.* | Glück |
| revocāre | zurückrufen |
| rōbustus | kräftig, stark |
| rūsticus | Bauer |

**S**

| | |
|---|---|
| sacrum | das Heiligtum, das Heilige |
| sānē *Adv.* | durchaus |

| | |
|---|---|
| sānus | gesund, vernünftig |
| sapiēns, entis | klug, weise |
| scīlicet *Adv.* | natürlich |
| scītō *Imp. von scīre* | wisse! |
| scrīptor, ōris *m.* | Schriftsteller |
| secundum + *Akk.* | sogleich nach |
| secus *Adv.* | weniger |
| sermō, ōnis *m.* | Gespräch |
| sīc *Adv.* | so |
| sīcut | so wie |
| simul *Adv.* | gemeinsam, zugleich |
| simulācrum | Bild |
| sīve … sīve | sei es, dass … oder sei es, dass |
| sōlācium | Trost |
| solēre, eō, solitus sum | pflegen, gewohnt sein |
| sōlitūdō, inis *f.* | Einsamkeit, Verlassenheit |
| sollicitūdō, inis *f.* | Unruhe |
| spargere, sparsī, sparsum | ausstreuen, verbreiten |
| spatium | Zeitraum |
| spīrāre | atmen |
| spīritus, ūs *m.* | Atem(zug) |
| (meā, tuā, suā) sponte | aus eigenem Antrieb |
| status, ūs *m.* | Zustand, Verfassung |
| stirps, pis *f.* | Stamm, Familie |
| studiōsus | eifrig |
| suāvis, e | süß, lieb |
| suspicārī | vermuten |
| suspīciō, ōnis *f.* | Verdacht, Misstrauen |
| sustentāre | aufrechterhalten |

**T**

| | |
|---|---|
| tālis, e | so beschaffen, solch ein |
| tam | so |
| tantus – quantus | so viel – wie |
| tardus | langsam, träge |
| tot | so viele |
| trīstis, e | traurig |
| turba | Schar |
| turpis, e | hässlich |

**U**

| | |
|---|---|
| umquam *Adv.* | jemals |
| ūnā *Adv.* | gemeinsam, zusammen |
| ūniversus | gesamt |
| urgēre, ursī | (be)drängen |
| uterque, utraque, utrumque (*Gen.* utrīusque) | jeder (von beiden), beide |
| ūtilitās, ātis *f.* | Nutzen, Vorteil |
| uxor, ōris *f.* | Ehefrau, Gattin |

**V**

| | |
|---|---|
| valēre, uī | gesund sein |
| valētūdō, inis *f.* | Gesundheit |
| varius | bunt, mannigfaltig |
| vērō *Adv.* | aber, wirklich |
| versārī in + *Abl.* | sich befinden in |
| in rē pūblicā versārī | politisch tätig sein |
| vestīgium | Spur |
| vīctus, ūs *m.* | Lebensweise |
| vīnum | Wein |
| vīsere, vīsī | besichtigen, besuchen |
| voluptās, ātis *f.* | Lust, Vergnügen |